AF348244

LA PIÉTÉ PATRIOTIQUE

(24 Janvier.)
Situation militaire sans changement.
L'Allemagne semble tenter un effort diplomatique.

Mes Frères,

A revoir la liste de nos sujets depuis six mois, je suis demeuré surpris de n'avoir pas encore aperçu le mot patriotisme.

Le mot est absent, je crois, parce que la chose est trop présente. On ne disserte plus, quand l'évidence vous tient et que nos sentiments mobilisés au complet, tout le bataillon de nos pensées menant la charge, l'esprit critique n'a plus de troupes pour les revues méthodiques du temps de paix.

Je veux pourtant vous signaler un aspect du patriotisme qui appelle notre attention en tout temps, parce qu'il rattache la vertu nationale au plus haut objet de nos vertus, faisant d'elle une piété, c'est-à-dire un culte intérieur qui aura ses manifestations et ses sacrifices, en liaison avec ceux qu'attend de nous notre objet divin.

La piété patriotique : telle est donc notre étude d'aujourd'hui. Définir cette piété et la justifier ; puis dire sur quels sujets elle se reporte, qui en sera bénéficiaire, ce sera, je crois, éclairer quelques horizons, et vérifier la qualité de l'encens que nous offrons à l'aïeule maternelle, dans l'empyrée que chacun lui consacre au dedans de soi.

I

« Penser à la patrie pieusement », tel était en effet l'un des *commandements* qu'exprimait un de nos immortels, dans un écrit d'une belle inspiration pratique. *L'amour sacré de la Patrie,* dont parlent sans cesse nos chants nationaux, répond à la même notion, et rien n'éclaire celle-ci davantage que de la voir raccordée — en arrière, disais-je, pour s'y achever, à la divinité elle-même ; en avant, au sentiment de famille, qui lui aussi est une piété.

Ces trois religions, qui habitent tout cœur bien né, ont ceci de commun qu'elles adressent leur hommage à ce qui joue à notre égard le rôle de principe.

Dieu est notre principe excellent et plus qu'excellent. La transcendance de son action créatrice et gubernatrice le place à un niveau où l'honneur que nous lui rendons sait à merveille ne pouvoir l'atteindre sans qu'il s'incline, ni nos œuvres compter pour lui, ni notre amour, s'il n'en jugeait de cœur à cœur, faisant valoir par sa bonté ce que nos sentiments lui consacrent. Mais puisqu'il veut en faire état, nous les lui devons par une consécration totale, confessant que tout est dû à Celui qui donne tout et qui est tout.

De Dieu à nous, pour l'éclosion et le progrès initial de notre être, pour son gouvernement provisoire tendrement désintéressé, il y a nos père et mère. Paternité, divinité en participation que les premiers hommes ont adorée, arrêtant au niveau du regard la perspective des causes ; que nous honorons, nous, et que nous aimons, comme le principe connaturel — au-dessous du principe transcendant — de cette vie que nous avons reçue.

Mais entre l'Infini et les êtres individuels que nous sommes, il n'y a pas que la famille. Il y a la nature ; il y a l'humanité ; il y a la patrie.

La nature générale, il n'y pas lieu de s'y arrêter, vu qu'elle ne retient aucun des sentiments qu'elle inspire. A moins d'erreur haïssable, le culte de la nature monte à Dieu.

L'humanité prise dans son ensemble, n'ayant pas d'unité organique et se trouvant d'ailleurs trop lointaine, ne prête pas à des sentiments bien précis. L'honorer en chacun et en nous, c'est un devoir ; mais en elle-même elle échappe toujours plus ou moins. C'est en-deçà d'elle et au-dessus de nous que se trouve, réalité cette fois saisissable autant que haute, la patrie. Et la patrie joue amplement à notre égard le rôle de principe, puisque la Providence créatrice verse là, pour que la famille les y puise et nous les transmette, toutes les ressources de vie qu'elle nous destine.

La patrie est notre mère : tous le disent, quitte à ne pas toujours mesurer la valeur du mot. Elle est notre mère beaucoup moins que Dieu n'est notre Père ; mais beaucoup plus que ne le sont nos parents. La parenté immédiate, tige où le rameau naissant est inséré, plonge dans l'humus vivant, et ne peut donner de sève qu'à la façon d'un canal animé où les influences se transforment sans créer de l'essentiel.

Physiologiquement la race ; psychologiquement les traditions, l'histoire ; passé qui revit dans le présent ; morts qui parlent et agissent par les vivants ; trésors des siècles formés d'une accumulation de pensées, de générosités, de travaux, de combats, de douleurs dont nous sommes les bénéficiaires ; notions et impulsions où la lignée se reconnut, s'affirma, et qui, séculairement transmises, nous arrivent par le moyen du milieu actuel où se fait notre éducation ; immense, ô immense famille d'êtres dont la vie disparue prépara la nôtre, dont la mort nous fit place, dont les couches superposées dans ce sol portent nos pas, dont les voix bruissent sans fin dans notre atmosphère morale, confuse exhortation qui nous dit : Va, lève-toi, agis, prends cette route, pousse vers tel point de l'horizon où brille notre idéal ! tels sont nos créateurs du temps, bienfaiteurs de notre être, après Dieu, en ce que notre être a de plus intime et de plus riche ; pères de nos pères et mères de nos mères, sous la commune paternité des cieux.

Comme donc la vertu de religion est une protestation de foi, d'espérance et d'amour qui nous consacre à Dieu d'où nous tenons excellemment tout ; comme la piété filiale est une protestation de culte à l'égard de ceux qui nous ont posés dans le temps, nous ont nourris, formés, poussés pas à pas dans la vie et poursuivis de leur tendresse : ainsi la piété patriotique est une protestation quasi religieuse, elle aussi, dans sa forme, par laquelle nous disons : A toi, patrie, l'aveu de mon esprit, qui reconnaît ta primauté. A toi l'amour de mon cœur qui se sait débiteur de tes inépuisables largesses. A toi le dévouement de mon activité qui t'est due et de mon obéissance que tu attends, comme rectrice naturelle de ce qui a pris en toi tout ce qu'il porte. A toi mes sacrifices, toutes les fois que seront à ce prix ma subordination, mon dévouement et mon amour. A toi au besoin ma vie, élan qui se porte à te secourir quand tu appelles,

étincelle qui affronte en pétillant l'atmosphère gla-
ciale, s'il le faut pour aviver le foyer commun.

Cette religion de la patrie sera d'autant plus fer-
vente que la chère divinité sera plus élevée en dignité ;
qu'elle sera, par occurrence, menacée ; que son péril,
réveillant la conscience du monde et la nôtre, la fera
apparaître plus digne de nos fiertés et par là objet
plus enivrant de nos tendresses.

Alors, vous soupçonnez ce que sera pour nous,
aujourd'hui, la piété française.

Un fils bien né n'a pas besoin de juger sa mère pour
lui vouer un culte. Une partie de son culte consiste en
ce que, précisément, il ne la juge point. Il l'aime, et
par cela seul elle trône. Le niveau où il la voit tient à
son attitude à lui. En s'inclinant on fait monter d'autant ce qu'on vénère. A genoux on voit toujours
émerger l'autel.

Mais quand un fils trouve dans des évidences
éblouissantes motif d'admiration, et quand, émanant
de personnes à qui sa propre estime donne du poids,
il entend autour de sa mère un bruissement d'éloges,
vous savez ce qui se passe alors en lui, quel sentiment
exquis et fort le pénètre. C'est sa fierté qui va chercher
au fond de son cœur sa tendresse, qui la rejoint et la
ramène en pleine lumière, pour composer avec elle
un je ne sais quoi d'exaltant et d'élargissant. L'envie
lui vient de dresser un temple à sa chère idole. S'il lui
connaît quelqu'un d'hostile, une colère monte en lui.
Il se sent lion pour la défendre, autant qu'agneau
proche de son cœur.

N'est-ce pas là notre émoi, France, en ces jours où
l'hostilité et la louange, l'aide et l'action assassine
contribuent l'une et l'autre à nous enflammer ? Si

dans nos enthousiasmes pour toi nous risquons le sourire, nous n'en rougissons point. Sourie celui qui n'entend pas la rumeur d'admiration qui traverse en ce moment le monde, et qui réveille l'écho assourdi des anciens éclats, quand la renommée aux mille trompettes annonçait ta gloire !

« France ! mot de beauté ! terre de beauté !... Terre en qui nous sentons, comme en nulle autre terre, une présence semblable à celle qui dans certains foyers assure la vie et la rend aimable !... Toi dont la force est de voir cette âme des choses que nous appelons l'idéal, de donner la vie aux vérités que tu as découvertes, de donner forme à ta vision et d'en faire le roc spirituel sur lequel les nations se tiennent ; ... toi qui es la flamme dans la nuit : à cette heure nous te voyons, France, et nous te comprenons ! » (1)

Quand on entend de telles paroles étrangères, une ivresse vous saisit, et si la guerre fut nécessaire pour une reviviscence de gloire à laquelle, ô Français, nous aspirions tant, n'est-ce pas, que nous bénissons la guerre !

C'est qu'en effet la guerre vient reviser les jugements internationaux et mettre en place chacun des joueurs de cette grande partie qui ne s'interrompt point. Mais à l'intérieur de chaque peuple aussi, à l'intérieur de chaque âme aussi, elle produit un effet de classement ; elle fait remonter de profondeurs ignorées, à travers ce qu'on croyait le tout de sa vie, l'essentiel qui la porte, cette vie empruntée et si caduque. L'essentiel, donc ce qui règle tout et se soumet tout. De telle sorte que, aimant jusque-là sa patrie presque sans le savoir — quelques-uns même se figuraient ne

____

(1) Article de la *Westminster Gazette,* 8 décembre 1914.

pas l'aimer, — on l'aimera désormais le sachant ; on l'aimera d'un amour vivant et comme lancinant, pour avoir ressenti l'aiguillon de ses craintes, le sursaut de ses colères, la brûlure de ses plaies, l'ardeur de ses espoirs, l'éblouissement lointain, à travers les brouillards de l'avenir, de gloires qu'on croit certaines.

On l'aimait hier, dans la tranquillité, ne travaillant pour elle que dans la mesure où elle profite de ce qu'on fait pour soi : on l'aime, après, dans l'effort généreux et quand il faut dans le sacrifice. On l'aime en souriant et en se réjouissant quelquefois ; on l'aime bien plus souvent en souffrant ; on l'aime dans tant de foyers en pleurant ! On l'aime... il faut qu'on l'aime par milliers en mourant ! C'est la piété suprême, celle qui prosterne au pied de l'autel sa victime.

On nous raconte qu'en plusieurs de nos villes envahies, comme à Soissons, à Arras, les habitants traqués par les obus se réfugient dans les caves et les organisent. On fait communiquer les souterrains ; on installe des services communs. Là, dans le danger et sous l'empire de sentiments unitaires que les banalités de la vie ne combattent plus, une émouvante fraternité s'établit ; on s'entr'aide au moral et au matériel comme les premiers chrétiens réfugiés aux catacombes. Une famille, où le mot d'ordre est l'oubli de soi : c'est la définition d'un écrivain signalant cette triste grandeur. J'y vois l'image de la patrie elle-même.

En temps normal, elle se disperse un peu, la patrie ; ses liens sont lâches sur plus d'un point. Les divisions de surface et les petites idées accessoires triomphent. Et ce n'est pas seulement au présent que je le prends ; c'est aussi à l'égard de la durée. Il y a une débandade des siècles et des lustres. Certains de nous s'hypnotisent sur un point de la durée française comme s'il était son tout. Leur piété se borne là. Ils ne paraissent accepter la France que de Pépin le Bref à saint Louis, de saint Louis à Louis XIV ou à Louis XVI ; ou inversement ils la datent de l'an I : énormité antinationale autant que antichrétienne, ou bien ils prônent *leur temps*, ou ils parlent d'*aujourd'hui* comme de la quintessence des âges.

Ceux qui mutilent ainsi leur amour français ressemblent à celui qui n'aimerait de la France que la Champagne ou la Normandie, ou sa cité ou son village. N'allons pas blasphémer, fût-ce qu'un demi-blasphème ! Gloire aux provinces du temps ! Amour à toute la France ! Qu'après cela l'on préfère, qu'on juge, qu'on regrette, ou que l'on condamne, soit ! mais à la condition que ce soit comme en famille.

J'en dis autant des classes sociales, qu'on avait cru antagonistes, plus unies chacune à chacune à travers les frontières que de l'une à l'autre au foyer commun. J'en dis autant des opinions, des partis, des écoles de tout genre, sincères et honnêtes. Tout cela, c'est la France, et notre culte va à la France.

Aussi, la guerre nous éveillant au sentiment de cette unité, voyez si tous les bons Français n'en conviennent point ! En tout cas, c'en est la marque. Est bon Français celui qui honore et qui aime son pays tout entier, tous les siècles de son pays, toutes les nuances de son pays, sauf le mal. Quand il y songe sous l'une quelconque des formes où apparaît cette multiple unité vivante, et que, saisissant ce brin, comme le pêcheur saisit un liège quelconque de son filet à la surface de la mer, il tire pour voir ce qui vient : tout suit ; tout se fait voir — sauf le mal encore une fois — un authentique antécédent, conséquent ou complément de ce qu'il rêve.

Je me placerai donc, pour lui adresser mon culte patriotique, comme au centre d'une vie où la mienne est encastrée sans que j'aperçoive nulle part de coupure. Où que je me tourne, je la vois, et dans chacun de ses cas je la reconnais toute. Mon hommage d'admiration, mon dévouement et ma tendresse vont à elle en son unité, comme le soir, contemplant le ciel, fût-ce dans une seule étoile, je sens mon rêve qui s'étend au zénith, au nadir, à l'orient, à l'occident, à toute la sphère qui se déploie, pavillon de l'Éternel et de l'Immense dont parle la Bible.

Ce n'est pas une raison, ai-je dit, pour ne pas distinguer des cas; ce n'en est pas une non plus pour ne pas distinguer des personnes. Voyons qui peut prétendre à profiter de ces choix, et à l'égard de quelles personnes, dans quel ordre, le culte patriotique aura lieu d'être envisagé, à l'intérieur de l'immense collectivité anonyme qui en est le principal objet.

II

Je veux indiquer d'abord que le patriotisme français ne fait pas bénéficier de son culte uniquement la famille française. Nous avons des parents par alliance. En amitié, le sentiment qui nous porte vers l'ami ne le concerne pas seul, il atteint sa parenté, ses amitiés, qui, même sans lien personnel avec nous, cessent de nous être indifférentes.

Quand donc nous voyons autour de la France une couronne d'alliés et d'amis, c'est bien le patriotisme, en nous, qui les en loue et qui les en aime. Ils nous deviennent objet de culte comme annexe de notre objet, comme condition partielle de ses destinées, comme auxiliaires, aujourd'hui, de sa victoire.

De là, ces revirements d'impressions qu'on observe, quand une nation d'abord antagoniste devient amie : telle l'Angleterre au moment de Fachoda et aujourd'hui ; telle la Russie avant et après Alexandre III.

Cela n'a rien de factice ni de fautif ; cela est très normal et très noble. Qui seconde ma mère et lui rend hommage n'est plus pour moi ce qu'il était la méconnaissant. Mon cœur se retourne. Je ne forcerai pas pour cela ses qualités ni ne nierai ses défauts ; mais je regarderai plus complaisamment ce qui lui est favorable ; je serai plus indulgent pour ses torts ou pour ses travers. S'il trouve son intérêt dans les liens ainsi formés, pourvu qu'au demeurant l'amitié soit sincère, je n'aurai pas le mauvais cœur d'exiger qu'on perde à servir mes amours. Je me réjouis des succès de ceux qui aident à nos succès. Je traite selon les lois de l'unité ce qui s'est mis en unité. Bref, mon culte filial remplit toute l'atmosphère où ma patrie évolue ; mon encens est pour tout le temple, non pour le tabernacle étroit ou pour l'autel.

Je reviens aux personnes qui se trouvent impliquées dans le culte patriotique, et j'en trouve une qui ne s'y attend point : celle de l'adorateur.

Je cite souvent ce mot d'Epictète à un patriote : « Tu aimes ta ville : fais-lui en ta personne le cadeau d'un bon citoyen. » Admirable conseil, qu'il faudrait suggérer à beaucoup, qui porte plus loin qu'on ne croit ; car toute vertu a des répercussions publiques, tout vice ses contre-coups destructeurs.

Cela n'apparaît point d'abord ; le pécheur dit volontiers : Je ne fais de mal à personne ! Mais en te faisant du mal à toi-même, pécheur, tu as faussé l'un des rouages — minuscule si tu veux : à plaisir pour ce cas tu t'abaisserais ! — de l'horloge qui marque l'heure nationale. Tu as rendu malade un organe du grand corps ; tu introduis en celui-ci un élément de contamination, à la place des valeurs positives qu'il attendait de tes vertus traduites en services. Tu deviens donc un mauvais citoyen par cela que tu es un mauvais humain, et les mots mêmes te le manifestent ; car de quoi veux-tu que soit faite la vie nationale, vie humaine collective, si ce n'est de la vertu des humains ?

C'est dans cette pensée que nos théologiens, parlant de la vertu de religion, disent qu'elle enveloppe toutes les autres et les utilise ; que de la droiture du cœur en toute matière vertueuse elle fait un holocauste, et que c'est le meilleur de notre culte, d'être devant Dieu des justes, plutôt que de brûler un encens dont le parfum ne remplace pas l'arome des vertus.

La religion patriotique a des exigences semblables. En holocauste à la patrie, nous ne pouvons rien offrir de mieux que la fidélité de l'homme constitué, l'effort du travailleur, la droiture de l'homme véridique, la simplicité de l'homme modeste, l'équité de l'homme juste, la richesse d'âme du généreux, la retenue de l'homme chaste, la vie saine du tempérant, et le reste. C'est de cette étoffe qu'est faite la vie du pays. Et c'est donc une piété française, que de décider à part soi, devant Dieu, particulièrement en cette période de crise et en vue d'un lendemain qui sera si besogneux, qu'on sera un homme modèle, une femme de devoir, afin d'être de vrais Français.

Après cela, ceux qui doivent profiter du culte patriotique, ce sont tous nos concitoyens. Et cette deuxième conclusion ressort déjà en partie de la première, en ce que certaines vertus individuelles sont relatives à autrui. Mais j'ajoute que la considération d'autrui doit intervenir cette fois non seulement selon que autrui est objet de rectitude personnelle, ni non plus selon qu'il est soi, ayant valeur pour soi, ce qui est le point de vue de la justice et de la fraternité ; mais comme symbole et participation de la patrie. Car la patrie en chacun se reflète.

C'est saint Thomas d'Aquin qui nous enseigne que la piété familiale n'est pas toute dans la piété filiale ; ou si l'on veut, qu'il y a une piété filiale des pères, des mères, des sœurs, de tous, s'adressant à la lignée en l'un quelconque de ses représentants. Une mère qui regarde son fils peut se dire : Voilà mon sang, à savoir celui que j'ai donné ; mais aussi : Voilà mon sang, à savoir celui que j'ai reçu, celui qui coule de mes pères à mes enfants à travers moi. Je dois le vénérer aussi bien dans son écoulement que dans sa source.

Entre enfants à plus forte raison, puisque le niveau est le même et que le fleuve coule au palier, on doit reconnaître l'un dans l'autre la source commune, la vénérer en l'aimant, et teinter de piété filiale la tendresse fraternelle éprouvée.

Voyez-vous l'application de cette doctrine à la famille patriotique, où l'autre se prolonge en tous sens? J'imagine que c'était, au surnaturel, la pensée de saint Paul, quand il engageait ses fidèles à se juger « *supérieurs les uns aux autres* ». Supérieurs, pourquoi? Parce que chacun tient de Dieu, et en ce qu'il tient de Dieu, il est supérieur à ce qui, en nous, tient de l'homme. Il en est de même de nous par rapport à lui. De sorte que dans une fraternité ainsi conçue, une vision d'éternité plane ; le ciel nous couvre, et son azur enveloppe les teintes criardes de personnalités si souvent hostiles.

C'est la beauté divine de la vie, chantée par ces poètes que sont nos liturgistes et nos saints.

La beauté française y est apparentée ; mais c'est aux mêmes conditions réciproques. Il faudrait voir la vie nationale partout, en tous, l'y traiter avec respect et avec dévouement, conscients que rendre service à un concitoyen, c'est aider la France ; que lui être gracieux, c'est la vénérer ; que lui nuire, le maudire, ce serait la blasphémer. On sentirait cela, en exil, d'une façon cuisante. En voyage, parmi des étrangers, cela ne peut échapper qu'à de mauvais cœurs. En guerre, nous y pensons aussi : d'où le rapprochement toujours insuffisant, mais notoire, dont nous nous sommes réjouis. Il faudrait y penser toujours. La religion de l'unité concerne les fractions où elle s'émiette. La religion de la France concerne les Français.

Quittez maintenant les individualités éparses ; remontez vers les centres, là où la vie nationale s'organise. Il sera question des autorités.

Lien du pays, l'autorité ne peut manquer d'attirer vers elle, à titre principal, ce qui se doit au pays. Ce serait une impiété, de refuser en principe à nos chefs l'honneur, en tant que nous sommes leurs subordonnés ; la fidélité, en tant que soumis à leur conduite ; l'amitié respectueuse, comme gratifiés des utilités de leurs rôles. C'est par elle-même, que l'autorité est un *rang*, procédant de Dieu où va se fonder en dernière analyse, à travers une nature des choses, le principe de la hiérarchie. C'est par elle-même aussi que l'autorité est un rôle, la hiérarchie n'ayant de raison que la gérance et la défense de l'intérêt commun, ce qui suppose de notre part le consentement effectif appelé obéissance. C'est par elle-même enfin que l'autorité

est un bienfait, car toute chose est perfectionnée par
une sage adaptation à sa règle, et là réside au vrai
notre bien. La loi est un acte d'amitié. En maintenant
l'ordre, elle travaille au bonheur de tous. Tous lui
doivent donc, là où elle est vivante, dans l'autorité,
ce qu'on doit aux bienfaiteurs, aux « pasteurs des
peuples », selon la noble expression antique.

J'insiste à dire : C'est par elle-même que l'autorité
jouit de ces prérogatives, parce que je sais bien à quel
point la question de personnes peut ici venir troubler
notre religion. Un prêtre insuffisant ou indigne, est-ce
encore un prêtre ? Oui, certes, c'en est un ; car c'est
un caractère sacré, c'est un rôle, et tant que l'autorité
supérieure le maintient, on lui doit ce qui se doit au
représentant tel quel d'un principe en lui-même sacré.

Le prêtre de l'Église politique appelé nation, qu'il
soit un grand pontife ou un second rôle, participe de
cette loi. Qui ne le sent, à l'heure qu'il est, dès que,
songeant à la patrie en danger, il cherche le centre où
la patrie trouve son unité, où il faut donc aller pour
être avec elle, troupeau autour de la houlette ?

J'en ai déjà donné pour signe l'acclamation qui
accueillit le Président du Conseil à la séance du 4 août.

Le lendemain, un de nos illustres appartenant à un
groupe tout opposé disait, en parlant de l'incident :
« Cet homme, hier notre adversaire, aujourd'hui notre
chef et notre ami. » Voyez-vous ce mot ami, attiré
par le mot chef, sous l'influence d'un sentiment de
ferveur patriotique ? Mettez dans le mot chef ce qui
s'y trouve : le rang, l'autorité : c'est ma trilogie. On
y aboutit d'instinct aux moments de crise.

Mais faut-il le rappeler encore : On est toujours
en crise. La vie est une crise permanente qu'il faut
savoir dénouer en posant à chaque minute les condi-

tions de la vie. La vie est un combat, nous dit Job.
Et voyez, au combat, la place que prennent les
« cadres », l'importance incalculable de l'officier, sans
lequel l'impossibilité de la victoire est si claire, que,
disparu, il se remplace tout seul, et si vite !

La vie civile est plus patiente, et les conséquences
de l'anarchie se voient moins ; mais au fond, le cas est
le même, et l'esprit de hiérarchie, d'obéissance,
d'amitié quasi filiale appliqué par nos braves, il faut
que nous l'appliquions aussi.

Je sais ! la fronde française ne désarme jamais,
et mon Dieu ! je n'ai pas très envie qu'elle désarme,
si c'était pour tomber dans un caporalisme dont
certains se chargent de nous montrer les abus. Mais
caporalisme signifie subordination, obéissance, attache-
ment par l'absurde, dans l'aveuglement d'un fanatisme
qui oublie de se juger. Or le culte patriotique, pour
être une vraie religion, ne doit pas moins éviter le
fanatisme que l'impiété.

La pleine conscience de notre cas ; la pleine posses-
sion de nos motifs de respect et de soumission cordiale ;
l'enthousiasme pour qui le mérite, à savoir la France,
à travers ceux qui provisoirement, partiellement nous
présentent son visage : tel est l'idéal.

Que s'ils sont inférieurs, nos chefs, dans cette figu-
ration active, écartons-les ! S'ils ne sont qu'imparfaits
comme chefs, ainsi que nous comme sujets, supportons-
les en nous supportant. Ne permettons pas que tant
de biens attachés à l'unité, au moyen de l'autorité,
tombent en déshérence, et que le sacrement de la
patrie soit privé de ses ministres, parce que nous
aurions comme destitué, au dedans de nous et par
notre conduite, ceux qui consacraient le pain de la vie
sociale et le distribuaient à ses communiants.

Ah ! Français : si nous pouvions une bonne fois comprendre, et puis durablement pratiquer ce que l'héroïcité suggère d'emblée ! Si nos chefs, dégagés de l'arrivisme, du sectarisme, de l'autoritarisme abusif, et nous, dégagés de l'anarchisme instinctif et acquis, de l'esprit de dénigrement et de suspicion, nous étions tous à notre devoir : comme la patrie serait servie ! Quelle religion sublime nous aurions fondée !

Pour nous, chrétiens, ce serait une simple conclusion de nos doctrines. Le Christianime est une piété universelle : piété envers Dieu ; piété envers tout ce qui participe de Dieu comme principe. Or nous savons en quelle place éminente la patrie s'y range. Le Christianisme est donc une piété patriotique. Nous sommes fidèles à lui et à Dieu étant fidèles au pays.

Je disais tout à l'heure qu'en tirant par l'un de ses brins le filet de la vie nationale, tout vient. Je dis maintenant : en tirant au niveau de la vie nationale sur le filet de la vie universelle, tout vient ; Dieu vient ; Dieu s'introduit dans ce complexus de réalités qui est son œuvre ; il est mêlé à ses ouvrages ; il habite la patrie, sa fille ; il prend pour soi ce qu'on lui accorde sous toutes les formes d'obligation que je viens d'énoncer.

L'amour sacré de la patrie devient ainsi sacré au sens propre ; c'est un amour divin. L'obéissance à la patrie est une prosternation de notre action devant sa Source ; l'honneur rendu à la patrie est comme un culte de *latrie,* une adoration.

« Penser à la patrie pieusement », nous savons désormais ce que cela signifie : c'est y penser *sub specie æternitatis et infiniti;* c'est, en elle, penser Dieu.